Me falo com voz de Mulher

CB034070

Editora Appris Ltda.
1.ª Edição - Copyright© 2025 da autora
Direitos de Edição Reservados à Editora Appris Ltda.

Nenhuma parte desta obra poderá ser utilizada indevidamente, sem estar de acordo com a Lei nº 9.610/98. Se incorreções forem encontradas, serão de exclusiva responsabilidade de seus organizadores. Foi realizado o Depósito Legal na Fundação Biblioteca Nacional, de acordo com as Leis nos 10.994, de 14/12/2004, e 12.192, de 14/01/2010.

Catalogação na Fonte
Elaborado por: Dayanne Leal Souza
Bibliotecária CRB 9/2162

S275m
2025
	Sayuri, Amélia
	   Me falo com voz de mulher / Amélia Sayuri. – 1. ed. – Curitiba: Appris, 2025.
	     137 p. ; 23 cm.
	
	   ISBN 978-65-250-7243-2
	
	   1. Poemas. 2. Amor. 3. Reflexões. 4. Sentimentos. I. Sayuri, Amélia. II. Título.
	
	                                           CDD – B869

Editora e Livraria Appris Ltda.
Av. Manoel Ribas, 2265 – Mercês
Curitiba/PR – CEP: 80810-002
Tel. (41) 3156 - 4731
www.editoraappris.com.br

Printed in Brazil
Impresso no Brasil

Amélia Sayuri

Me falo com voz de Mulher

Curitiba, PR
2025

FICHA TÉCNICA

EDITORIAL	Augusto V. de A. Coelho
	Sara C. de Andrade Coelho
COMITÊ EDITORIAL	Marli Caetano
	Andréa Barbosa Gouveia (UFPR)
	Edmeire C. Pereira (UFPR)
	Iraneide da Silva (UFC)
	Jacques de Lima Ferreira (UP)
SUPERVISORA EDITORIAL	Renata C. Lopes
PRODUÇÃO EDITORIAL	Adrielli de Almeida
REVISÃO	J. Vanderlei
DIAGRAMAÇÃO	Amélia Lopes
CAPA	Daniela Baumguertner
REVISÃO DE PROVA	Bianca Pechiski

À minha filha amada,
Ayumi, um poema em construção.
Que pediu para eu publicar nesse livro
A sua poesia:
Princesa de verdade não solta pum
Sou uma princesa e solto pum

AGRADECIMENTOS

Aos meus analistas
Especialmente
César Skaf
e
Flávia Cera

SOBRE MIM

Amélia

Do latim: Aspirar

Do alemão: trabalhar

Da canção de Mario Lago e Ataulfo Alves: mulher de verdade

Do sobrenome Earhart: primeira mulher a voar sozinha pelo oceano Atlântico, pioneira norte americana da aviação.

Do filme: Amélie vive num mundo imaginário. Estranho destino dessa jovem mulher, privada dela mesma, porém tão sensível ao charme da coisa.

Da avó paterna: batizada de Amélia pelos brasileiros, imigrante japonesa, teve 6 filhos e um faleceu. Dançava conforme a música, sofreu vários perrengues, faleceu antes dos 50 anos.

Da avó materna: Amélia seu nome de cartório, de tanto acompanhar o ritmo da música descompassava e por vezes se perdia no álcool e nos cremes antirrugas. Teve onze gestações, perdeu duas gestações de gêmeos no momento do parto, perdeu um filho chamado Moacir com pouca idade e perdeu uma filha chamada Teresa com mais de 20 anos. A vaidade levou minha avó para um pouco mais de 70 anos.

Da relação com a Sayuri: meu nome é para homenagear a avó materna. Trago traços de todas as Amélias, no entanto estou mais pra saudades de Mario Lago e Ataulfo. Comporto meia verdade.

Nem toda profissional, nem toda psicanalista, nem toda mãe, nem toda esposa, nem toda filha, nem toda neta.

Resto como poema, palavras decaídas no papel à espera da poeta que não existe, mas insiste no trabalho de me reinventar, no um a um, marcando e aspirando a diferença em relação as outras Amélias.

SOBRE O LIVRO

Da criança ao adulto
Do adulto à criança
Da palavra à letra
Da letra à palavra
Da escuta à escrita
Da escrita à escuta
Do brilho do ouro à sombra
Da sombra ao brilho do ouro
Do Ocidente ao Des(Oriente)
Do Des(Oriente) ao Ocidente
Do atrito ao furo
Do furo ao atrito
Do espelho ao não Eu
Do não Eu ao espelho
Do orifício ao ofício
Do ofício ao orifício
Curto circuito
Circuito
Descaminho
Parida
Um Sonho
Uma novidade
Hiperestesia
A boca abre
Me falo com voz de mulher
Resto e Renasço
Uma duas
Nem toda poesia

PREFÁCIO

Voz de mulher

Na boca, a voz de Amélia se destaca em poemas e com ela o coro de mulheres: Amélia, Sayuri, Earthart, Pietá, Capitu, Gueixa, Cigana, Puta, Bela Baxter, Barbie, Má donna, Lilian Todd, Musa, Medusa, Santa Bovary, Tuíra, Belas filhas, Cadela, Medéia, Antígona, Comedida, Bela Adormecida, Mosca Morta, Axolote, Cinderela, Guria, Suicida, Assassina, Abusiva, Diabólica, Insana, Clarice, Rosé, Misora Hibari, Mãe, Filha, Irmã... Você e eu.

Somente uma voz de mulher poderia acordar em mim o que consentiria uma arte que só pode ser feminina e poética. Uma arte que evoca em nós aquilo que silenciosamente nos habita.

É difícil prefaciar o que se trama e se desfaz nesse tear. Resta seguir as pegadas...

...e deixar falar a mulher que se dispõe a sonhar e a parir. Entre a cena e seus bastidores, o que não se sabe faz sentir na pele o que arrebata, arrepia, e se faz faltar e se perde sem nunca ter sido. Sim, a arte é feminina, derrAMA-se em letras e fica em seu corpo feito tatuagem... o bisturi corta e liberta o que grita no corpo da mulher, como nas entranhas de Clarice Lispector em *Água Viva*, e desencadeia a vida, a criança amada.

...e deixar falar a mulher que se dispõe à escrita. Entre versos des-orientados, é uma

autora que toma a palavra, morde a palavra, dá vida a línguas! Escrevendo-se, faz ouvir seu corpo, para que dele brotem *as fontes do inconsciente* evocadas por Hélène Cixous em *O riso da Medusa*. Falando-se com voz de mulher, Amélia escreve essas línguas que gritam, que desafinam, que desafiam, que sussurram e se insurgem fazendo coro a todas as mulheres na história do mundo. Cada poema é um pré-texto para romper com o silêncio. Pela ferida, a palavra de Amélia refloresta em terra devastada.

...e deixar falar a mulher que se dispõe a brincar a dor. Entreatos, a mulher criança dá um jeito de ser, de se fazer mulher. No espelho de papel, a violência lateja. O que se fala em Amélia desenterra a voz e diz o que essa mulher quer e não quer, cobre e descobre, põe suas tripas no papel, num pesar que se revela como em uma carta a mulheres, de Gloria Anzaldúa, "Falando em línguas", evocando nelas tudo o que possa emudecer essa voz. Amélia grita... vestindo-se de poema.

...e deixar falar a mulher que declama. Amélia des-orientada, gueixa e bruxa, gauche na vida, Pagu. E no atrito vivem em corpo e arte

Nome feminino
Que escorre sem forma
Pelo vermelho
Do sangue periodicamente menstruado
E se despedaça em dores amargas
Restos de mim

É com os restos das Amélias que ela se recusa a ser a mulher de verdade e se declama em meia verdade. E faz livro com sua libra de carne viva que pulsa em cada poema que *DerrAma* do seu corpo.

...e deixar falar a mulher que escava. Será que estes objetos transcendentes, os livros, podem ser esconderijos dos "objeto *a*"? como se pergunta Marie-Helénè Brousse. Neste livro, ele aparece e escapa pelas fissuras que Amélia transforma em poemas que carregam uma singular voz feminina que não "con-forma" o discurso capitalista e patriarcal. O poema brota e pulsa em carne viva, e faz sentir no corpo o "in-familiar" mulher... em histórias que atravessam, perturbam e, ao mesmo tempo, nos conectam.

...e deixar falar a mulher que passa. A passante se faz passadora de uma experiência que nos atravessa a todas e deixa ressoar em seu leitor esse *"bem dizer"* que provoca com suas perguntas, movimentos, espaços vazios para seguirmos pensando esse ser uma mulher. Amélia não dá a última palavra, não pretende dizer tudo. Nesse não ser TODA, sustenta seus furos que nos anuncia que estará em cada poema. O que Amélia transmite? Não há resposta sobre A mulher.

...e deixar falar a mulher que deseja. Seu desejo nos enlaça, move, causa o encontro, justamente porque contém o vazio. Sua escrita feminina, com seu estilo único, desentoca das palavras seus sentidos habituais, iluminando-as com seu pensamento original e crítico. Posso quase sentir, podemos sentir... que há sempre uma questão subterrânea trabalhando em nós, à espera de uma palavra que a faça emergir. Como um rio escondido que corre e escorre, e carrega com ele nossa questão fundamental. É assim que ela se fala, com Voz de mulher, e sustenta o que resta fora do sentido, renunciando ao saber todo aninhado no outro... assim não emudece. E pode dizer mais um fragmento, mais um mais um, mais ainda.

...e deixar falar a mulher que parte. E nos transmite sua inquietação. Sua lida com o não saber... E *isso*, pulsa para habitar o verbo, do corpo à linguagem, falar do que sente é fazer uma ponte até a ilha do outro, é gastar e gastar a palavra, nessa reinvenção de si, que nunca está pronta, há um poema. Sua caligrafia é uma escrita, algo que é só seu e que faz com esse litoral contingente, efêmero, e que passa pelo literal. E isso é estilo, *isso* é o estilo da autora.

Freud pediu para perguntar aos poetas o que quer uma mulher? E eis que temos uma poeta mulher que sustenta o impossível de dizer tudo, que escreve do lugar em que só a solidão pode sustentar que ser feminino é, antes de tudo, lidar com a nossa condição de falta a ser.

A cada poema, a cada vez, ela nos convida a um vir a ser.

Rinalda Duarte

Psicanalista. É doutoranda pela USP, mestre em Psicologia Clínica pela PUC- SP, especialista em Teoria, Técnica e Estratégias Especiais em Psicanálise pela USP. Pesquisa Psicanálise, Feminino e Arte. Atende em consultório com clínica, supervisão e grupo de estudos. Autora de artigos publicados na Revista Estilosa Clínica da USP e de textos publicados nos volumes 1, 2 e 3 do livro "O Psicanalista na Instituição, na Clínica, no Laço Social, na Arte" (Toro, 2018), "Aquele lugar entre nós" (Zagodoni, 2020), " O que ser Lacaniano? (Caligraphiie, 2023), "Amor, Deseejo e Gozo" (Caligraphiie, 2024).

SUMÁRIO

UM
PARTE ONÍRICA 22
   Parte Onírica 23

DOIS
O PARTO 24
   Cesárea 25

TRÊS
A CRIANÇA, O BRINCAR, PERDER O MEDO DOS MONSTROS 27
   O brincar e a criança 28
   Brincando 29
   As bagunças são internas 32
   Tu Sou 33
   Tiffany 34
   Aturdida 35
   Mosca Morta 37
   Genbaku 38
   A perereca da boneca 40
   Sullivan 41

QUATRO
OURO DÁ A DIREÇÃO DA SOMBRA 42
   A menina de ouro do papai 43
   Menina de ouro 44
   Tênis dourado 45

CINCO
OCIDENTE DÁ A DIREÇÃO DO DES(ORIENTE) 46
   Kimono 47
   Des(Oriente) 48
   Pietiétacomtu 49

SEIS

DO ATRITO A SUBVERSÃO FEMININA E SEU FURO DE ONDE BROTA: ARTE, POESIA, OUTRAS VOZES DIFERENTES DA LÓGICA PATRIARCAL, COLONIALISTA, HIGIENISTA, CAPITALISTA, ALÉM DE BROTAR AMOR: 51

Força de contato = força normal + força de atrito 52

Bela Baxter. 53

Mulher. 56

Vai ser gauche na vida 57

Toro. 60

A boneca viajante 62

Sísifo 64

Ele não 65

Gaiolas. 66

Corpo fetiche ou corpo vivo. 67

Qual sua cadeira? 68

Bela Índia 69

Oppenheimer 70

Fetiche. 71

Sobre Vícios. 72

Gozo Outro 73

Medéia ou Antígona 74

Flor virtual ou flor natural 75

Fetiche ou desejo 76

Virtual x Realidade. 77

O amor. 78

A subversão feminina 80

SETE

ISSO OU AQUILO E A OUTRA: UMA DUAS. 81

Uma Duas. 82

Comedida. 83

Com que roupa eu vou? 84

Des(alinhada) 85

Axolote. 87

Cinderela 89

Resp(onça). 90

OITO

O QUE NÃO REFLETE FAZ FUROS...91

O fio desalinhado 92

Cadê a chave? 93

Pretexto.. 94

Furadeira 95

Rein(ventamos)... 96

Mordida da vida 97

Tempestades.. 98

Marca 99

Entre.. 100

NOVE

DO LIVRO AO OFÍCIO AO ORIFÍCIO 101

Livraria 102

Outro jeito de apanhar e bater................................... 103

Ao poeta 104

DerrAma... 105

Histeria 107

Fases da Lua 109

Não toda Significante..110

Catar outra estrofe.. 111

Desafio o poema 112

Nome impróprio 113

Preferida..114

A voz 115

Não sou poeta..116

PoeAma..118

Expresso 119

Scandall.. 120

Me poemo 121

Rosé...122

Sobre abóbora 124

DEZ

CASTRAÇÃO 125

Castração 126

ONZE

LUTO, SAUDADES 127

Sem ti Saudades 128

Goze 130

Curiosidades.. 131

Mortes 132

DOZE

**PARTIR PARTIDA PELO DES(CAMINHO) ATÉ ENCONTRAR
A PARTE QUE ME RESTA E SE ABRIR PARA A NOVIDADE:** 134

Partir Partida 135

O furo estará presente em todas as páginas desse livro

Um

Parte onírica

Parte Onírica

Sinto falta do que nunca tive e perdi
Uma parte onírica de mim que me desperta as vísceras
Faz o coração pulsar do avesso e pulsar quase infartando pela boca
Subvertendo o lugar da ordem natural dos órgãos

Sinto falta do que nunca tive e perdi
Uma parte onírica de mim que não sabe que horas são
Faz o ponteiro do relógio perder o ângulo e aquilo que não foi se faz presente num futuro
Que não se sabe

Sinto falta do que nunca tive e perdi
Uma parte onírica de mim que aguça os sentidos sem sentido
Sentido no toque
Sentido no corpo
Sentido na vibração

E me atravessa

E tem som de gargalhada de criança
E tem cheiro de mar num dia quente de verão
E tem gosto de sorvete na infância
E arrepia a pele como um abraço inesperado
E arrepia a pele como uma fungada no pescoço

Sinto falta do que nunca tive e perdi
Um excesso de vida em mim que comporta um centésimo de morte

Emudecida de palavras
Apenas deixo o corpo se arrebatar
Pela parte onírica de mim

Dois

O Parto

Cesárea

O parto da criança amada
41 semanas
E não foram suficiEntes
A bolsa estourou
O fantasma da preferida
Se encolhia por dentro
Ainda não estava ciEnte
Seu Ente já havia ido
Na diversão da falecida irmã do meio
Na gargalhada da falecida irmã caçula
No sonho dramático da mãe
Nos desvios do olhar do pai
No seu próprio sonho em que carregava a si mesma:
A sua criança preferida morta no colo

O parto da criança amada
23:15
Na espera
De repente
A dor aumentou
Sentia-se esquecida
Estremecia sem centro
Nessa ontologia subserviEnte
Seu Ente se contorcia
Seu Ente se contorcia em gemidos
Seu Ente se despedaçava
Seu Ente escorria:
No líquido amniótico que molhava o lençol
No vômito esparramado pelo chão
Na tranquilidade da enfermeira

Amélia Sayuri

No corredor vazio do hospital
No chute certeiro na costela
O parto da criança amada
6 horas
Meio dedo de dilatação
Anestesia, por favor
O bisturi cortava a carne
Não dava pra ser normal
O bisturi cortava o cordão umbilical
E
Separava a minha criança de mim mesma
Ela chorava
Eu sorri
Pode chorar, minha filha
Aqui fora é tudo diferente, novo e assusta mesmo
Seu choro encontrou a palavra
Silenciou-se serena
Reconheceu a voz da mamãe
Colocou me em outro lugar
Matou parte da minha criança:
A preferida
Outra criança amada
Nasceu

Três

A criança, o brincar, perder o medo dos monstros

Amélia Sayuri

O brincar e a criança

A criança respeitada
Brinca
A bonequinha da mamãe brinca de boneca
O estrelinha do papai brinca de ser ator
A menininha doce do papai brinca de massinha e faz muitos brigadeiros
O campeão do papai brinca de corrida de carro
Elas brincam e repetem os prazeres e desprazeres advindos da relação com seus cuidadores
Abandonam a boneca e vão brincar de outras coisas
Caem do palco e procuram outro lugar
Mordem um pedaço de brigadeiro e vão experimentar fazer suco de limão
Perdem a corrida e vão rabiscar o papel

A criança desrespeitada
Brinca
O menininho apanha todos os dias de algum cuidador e brinca de bater bola, de bater bafo, de bater bateria, de Kung Fu Panda
A menininha violentada brinca de violino e toca as cordas do violino de outra forma e abusa de brincar de casinha
Elas brincam e repetem os prazeres e desprazeres advindos da relação com seus cuidadores
Sabem que o objeto pode ser outro

A criança que brinca
Provavelmente, encontrou o amor e brincando vai perdendo o medo dos monstros
E um dia se tornará adulta, também

A criança que não brinca e só fica no celular
Não encontrou o amor
Perdeu a infância e perdeu o adulto
Só não perde o medo dos monstros

Me falo com voz de mulher

Brincando

Boi, boi, boi, boi do Piauí pega essa menina que não quer dormir
Não, não, boi, não precisa me pegar
Eu preciso brincar
Brincando
Sou e não sou
Sou
Bombeiro
Socorrista de ambulância
Dentista
Dançarina
Master chef
Misturo todos os sabores
E passo a ter nojo
De iogurte com miojo
Tem coisas que não dá para misturar
E aí percebo que também não sou
Nem bombeira
Nem socorrista de ambulância
Nem médica
Nem dentista
Nem dançarina
Nem master chef
Sou e não sou
Brincando
Trago o mundo ao meu redor
Se não posso ir à praia
Invento areia e mergulho no meu mar
Faço poças no quintal e pulo, pulo até cansar
Se está chovendo e não posso explorar a imensidão do quintal
Invento um piquenique no tapete mesmo

E tomo um delicioso chá com bolos de vários sabores na companhia
da minha mãe

Oro me coloco pra fora, ora me recolho pra dentro

E de repente não estou nem fora, nem dentro

Grito: mamãe

Brincando

Solto pipa com o papai e quase toco o infinito

Mas quando o infinito das ondas do mar me toca

Estranho e corro pra certeza do chão firme da areia

Prefiro boiar na piscina

Brincando

Tenho a presença imaginária de filhos, irmãos, bebezinha, coleguinhas

Às vezes, os priminhos aparecem e divirto-me à beça

Eles vão para suas casas

Reclamo de uma ausência

Não tenho amigos

Percebo que em algum lugar

Estou sozinha

Brincando

Tento inventar um jeito de ser mulher

Passo esmalte, maquiagem, coloco as roupas da minha mãe

Passo tanta maquiagem

Visto tantas roupas

Saio assustando minha mãe

Virei um monstro, mamãe

Tiro todas as roupas

E saio livre correndo pela casa

Volto a ser menina

Ou

É nesse lugar que me faço mulher?

Brincando

Tenho encontrado o amor

Me falo com voz de mulher

Olho bem nos olhos da minha mãe e falo baixinho
Amo você
Sei que não preciso ter medo do boi da cara preta
Digo firme
Deixa eu me cansar boi
Amanhã tem mais

As bagunças são internas

Batom ou monstro cor de rosa
Mangueira ou um mar de emoções
Pernas ou upa cavalinho
Galho de árvore ou vara de pescar
Sabonete ou pedacinhos dele feito arte grudados na parede
Copo d`água ou banho divertido das bonequinhas
Lanterna do celular ou luz para brincar de sombra na parede
Cobertor ou um grande esconderijo
Medalha ou um estetoscópio
Confeti ou uma piscina de bolinhas para as bonequinhas
Massinha ou a possibilidade de construir novos brinquedos
Bagunça ou brincadeira séria
Afinal,
Brincar é um jeito possível de arrumar as bagunças internas

Tu Sou

Faz se comigo e com você

Como cambalhota de criança contorcendo seu corpo flexível

Que tortuosamente se atrita e rola se desencontrando com a inflexibilidade do chão

E num sobressalto

Encontra equilíbrio no sorriso da mãe

Nesse instante,

A criança é

E na segunda cambalhota

Já foi

Já era

Ser ou não ser

Sendo

Refazendo

Sente seu corpo numa outra posição

E segue

Tiffany

Ela tem nome de joia
E nem sabe o valor que nela mora
Tem dor no coração
A menina estudiosa tem um sonho:
Ser melhor que a mãe
Uma mãe que sonhava em ter o valor do diamante *Matryoshka* e era crack em consumir
a pedra mais barata
E numa tentativa desesperada ateou fogo no seu ideal
Viu a pele dos seus filhos queimarem
Queria se desgrudar da dívida imposta pela *Matryoshka*
Tiffany sobreviveu
E continuava se queimando com as exigências das pessoas que supostamente a acolhia
De casa em casa
Encontrou uma tia que passou a amá-la e aceitava seu jeito de bijuteria
Tifanny adorava o cheiro do churrasco
O carvão que não virou diamante e queimava de outro jeito
Tifanny não precisa ser melhor que a mãe
Ela já é suficiente com seu jeito diferente

Aturdida

Ecos daqueles gritos agitavam a minha pele
O olhar
A voz
O tapa
Estalidos esquentavam a minha pele
Marcas sem sentido de uma mulher que tentava arrancar de mim o que estava dentro dela
Cadela
Engole esse choro!
As minhas marcas de vida a incomodava
A pequena não sabia como agir
Tentava de tudo
 O que quer ela de mim?
Era melhor dormir
Fingir-se de mosca morta
Zumbizinho perambulando pela casa
Pisando em ovos
Crack, ck...
O olhar
A voz
O tapa
Até que um dia
O olhar da pequena virou olho
A voz trêmula calou
O resto vivo quase se fez morte
Quase
No quase
Fez se o espanto
O pranto
A promessa

E a pequena cresceu a descompletando
De quando em quando
A promessa quebrava
Crack, ck...
O olhar
A voz
O tapa
Era a violência que retornava
No corpo que se fazia mulher
Que de tão vivo
Era insuportável para o Outro

Mosca Morta

O hábito faz o monge
Eu me habituei
Fingia- me de mosca morta
Nessa forma presente
Eu me fazia ausente
Pequena notável
Vestida de diplomas
Nesse hábito
As expressões
As emoções
Diluíam-se
Em notas
Acima de 90
80 era pouco
Mudar o hábito?
Habitar a varejeira?
Por que, não?

Genbaku

Aquele olhar
Tinha efeito de Napalm em mim
Como se o tapa na cara
Pelo líquido derramado
Queimasse a minha pele

Por dentro
Os traços do grito de *Munch*
Vibravam em mim a palavra pai

No instante mesmo que meu olhar
Cruzava o olhar dela
Num picar de olhos
Transformava me na *Cúpula Genbaku*

Foram tantas as vezes que aquele olhar
Correu pela minha corrente sanguínea
Feito agulha
Prestes a atingir meu coração
Que num dia
Nada convencional
Tomada por uma angústia
Diante do espelho
Na altura do olhar
O vidro se estilhaçou
Senti a força do objeto
Na decomposição emudecida do grito de Munch
Na ruína que se transformou em memorial da Paz
Na explosão do papel

Me falo com voz de mulher

E num novo piscar de olhos
A letra perdeu sua força repetitiva de destino
Palavras embaralhadas
Derramaram-se sobre a minha pele
Vestindo- me de poema

Amélia Sayuri

A perereca da boneca

A boneca tinha perereca
Mas,
Faltava o furo principal
Uma boneca adicta
Pelo furo da boca
O mama entrava
Pelo furo da boca
A comida entrava
Pelo furo do ouvido
A voz da mãe entrava
Pelo furo do olho
O olhar da mãe entrava
Entrava, entrava, en(trava)
Trava
Travada
A criança dividida
Pelo amor da mãe
Pelo amor do pai
Tinha um saber
Furou a perereca da boneca
Agora ela se parece comigo
Tem uma perereca de verdade
Só assim ela pode se esvaziar

Sullivan

Dos excessos da menina estudiosa
Um monstro burro atormenta
Ele tem cabeça de Kabocha e tira nota vermelha

Dos excessos da menina esteticamente padronizada
Um monstro feioso atormenta
Ele tem celulites, estrias, rugas, cabelo branco e barriga inchada

Dos excessos da menina controladora
Um monstro surtado atormenta
Ele é louco e chora feito criança desesperada

Dos excessos da menina responsável
Um monstro porra louca atormenta
Ele tem olhar diabólico e é procrastinador

Dos excessos da menina de ouro
Um monstro esquisito atormenta
Ele é feito de larvas, encrustado de ovinhos de insetos com aspecto de ostra e vive na escuridão

É cada Sullivan que essa doçura monstruosa de menina inventa
Kkkkkkkkkkkkkkkkkkkkkkk......
A mulher solta uma gargalhada de bruxa que contagia o resto da vida da menina

Quatro

Ouro dá a direção da sombra

A menina de ouro do papai

Por muito tempo colecionou suas medalhas de melhor aluna
E apesar de muito estudiosa tinha fama de preguiçosa
Admirava o pai provedor
E os mimos advindos desse reinado
Mas sempre que ganhava uma joia ela a perdia-se
Gostava mesmo é de colecionar bijuterias das mais vagabundas
E sentia o cheiro de carteira vazia, condição necessária para amar
Ah essa menina
Não vale milhões de barra de ouro
Nem vale um anel de doce
Seu valor tem enigma de arte
É de outra imprecisão
E desde que se autorizou a pagar o preço dessa diferença
Ousou vagar a bunda fora do trono
E
Em qualquer banquinho escreve suas abobrinhas
Sem rima, soneto, quarteto...
Poesia preguiçosa?
Dizem que é coisa de quem não tem o que fazer
Será?

Amélia Sayuri

Menina de ouro

Ela usa o brilho do ouro como farol
Na sombra iluminada pela escrita
Derrapa nas palavras emudecidas
O papel embebido de lágrimas
Se enxuga no tropeço com uma nova palavra
Palavra feito memória antiga
Guardada num abraço
Eternizado na pele
Como letra solta no papel
Letra que tem sede de embaralhar
Vogais e consoantes
E
Reconstrói-se
Nas palavras embriagadas de repetição
Algumas não entram no poema
E caem no poço
Afogada
Retornam desarticuladas
A loucura que vem e volta
Finalmente,
Um suspiro
Encontra a diferença
Sem mais esperar pela terra firme das palavras
No intervalo entre sol e lua
Se anima pela sombra do entardecer
Deixando suas pegadas na orla da praia
Caminha pelo não saber

Tênis dourado

Um tênis de 20 pila
Usado, surrado, batido
Todo dourado
Faltando o cintilar de alguns paetês caídos
Ainda assim se vale do seu brilho
Feito lanterna que dá a direção da sombra
Foi na sombra que eles se encontraram
Esquecido por alguém na prateleira de um brechó
Chamou a atenção da moça
Aos pés dela
Agora são Outro
Caminham por lugares desconhecidos
Subvertendo o destino de outrora
Cheios de estilo
Deixam suas pegadas extraviadas
Nos sulcos da estrada

Cinco

Ocidente dá a direção do Des(Oriente)

Kimono

Teço um kimono para mim
Na tentativa de contornar um corpo Outro
Entre a queixa e a gueixa
A mulher que não existe
Insiste
E se reinventa
Sobre o Kimono
Que faz borda sobre seu corpo
Despida
Sente o Kimono abraçá-la
Aquecida
Num prazer
Fulgurante
Escorre o gelo
Vibra
O monte Fugi
Escaldante

Des(Oriente)

À *bientot*
Vai comer um bento
Vai ser *replay*
Vai ser em *slow motion*

Da repetição à diferença
A orientalidade estremece a ocidentalidade
O tempo perde a idade

A queixa ganhará vida com sua gueixa
Finalmente,
Vestida com seu Kimono

Pietiétacomtu

Pietá, vítima, íntima
Da morte
Se (q)gueixa
Do reconhecimento do olhar do Outro
De pálpebras cerradas
Desvia seu olhar
E
Arrasta olhares a contemplá-la
Pietá, Capitu e a (Q)Gueixa
Dividida em pedaços
De sua posição a três
Recolhe sua feminilidade
Em seu semblante de resignação
Impedindo sua ação
No imaginário da pureza (in)corruptível
Se (Q)Gueixa
Mas basta um rímel, um lápis e um delineador
Pietá arregala os olhos e tieta com Capitú
Larga a morte do colo
Delineia a dor
Destaca seu olhar
Mais rímel
Mais lápis
Num olhar devora(dor)
De cigana obliqua dissimulada
Ataca
Pietá em vestes de Gueixa
Nem tão santa
Nem tão puta

Amélia Sayuri

Atravessa a basílica
Encontra uma deixa
Deixa a queixa no altar

Seis

Do atrito a subversão feminina e seu furo de onde brota: arte, poesia, outras vozes diferentes da lógica patriarcal, colonialista, higienista, capitalista, além de brotar amor:

Força de contato = força normal + força de atrito

O atrito da roupa amassada sob minha pele revela o impossível de perder tempo passando o tecido. Tecido amassado é tecido de histórias.

O atrito dos saberes teóricos revela o impossível de um saber puro. Só há novos saberes porque fomos contestados das nossas certezas.

O atrito de gerações quebra tabus e gera inclusões, porque todxs gera novos lugares e possibilidades de existir. A lógica do preto ou branco apaga as cores do arco-íris.

O atrito entre o patriarcado e o feminismo tirou a mulher do lugar delirante de que somos objeto de posse dos homens. A bela, recatada e do lar não existe, somos a nossa própria invenção uma a uma.

O atrito da caneta com o papel dá forma para o pensado e o não pensado, seja por meio da letra, seja por meio do desenho. A arte nos vivifica.

O atrito entre corpos na cama, no sofá, no carro nos esvazia das nossas tensões gerando tesão pelo outro, pela vida, porque a vida é uma boa foda. Inclusive, nascemos desse atrito.

O atrito esquenta. Da fricção entre duas pedras surgiu o fogo.

O atrito faz laço, faz contato, faz movimento e principalmente, não nos deixa aquaplanar na estrada da vida.

No atrito sinto o meu corpo vivo!

Vale lembrar que guerra, violência não é atrito, ao contrário é a tentativa desumana de eliminá-lo: a diferença. É nesses momentos que perdemos a direção!

Bela Baxter

Pobres criaturas

Seus sentimentos, seus ritmos circadianos, suas vidas balizadas pela ciência médica

Tudo preto ou branco

No convívio com o formol

Higienizadas em palavras sínteses

Bela Baxter

Rica de curiosidades

Flana

Masturba-se na mesa do café da manhã

Foge com seu amante

Pobres criaturas

Viajam para a Europa

Possuem a etiqueta de um comportamento padrão, principalmente, para as mulheres. Quer que a mulher experimente apenas o lado doce da vida e ainda de forma comedida, sem jamais perder a etiqueta.

Seguem o ritmo cadenciado da música

Etiquetadas em palavras sínteses

Bela Baxter

Rica de curiosidades

Flana

Em ritmo descompassado

Lambuza-se do doce e do amargo da vida

Questiona-se sobre o que lhe causa prazer e desprazer

Pobres criaturas

Querem fazer um cruzeiro para fugir dos desprazeres. Comida, bebida, jogos, sexo a vontade. Apoiando-se na lógica maniqueísta: homem recebe prazer e mulher tem que dar.

Fetichizados em palavras sínteses
Bela Baxter
Rica de curiosidades
Flana
Não quer mais transar com seu amante
Descobre a crueza da desigualdade social e doa todo o dinheiro
Quer um prazer diferente da lógica capitalista
Mergulha nos livros

Pobres criaturas
Relegou para muitas mulheres que buscavam a liberdade outro cativeiro, a prostituição, onde seu corpo continuava reduzido a dar prazer para os homens
Libidinizadas em palavras sínteses
Bela Baxter
Rica de curiosidades
Flana
Busca formas de sentir prazer nessa lógica, mas
Sente a corrente apertar e retorna para suas origens

Pobres criaturas
Acorrentados na lógica patriarcal. Desconhecem que homem com H maiúsculo não existe, apenas, insiste. Enlouquecem tentando tampar todos os furos da vida e principalmente eliminando o furo da mulher.
Colonizados e masculinizados em palavras sínteses
Bela Baxter
Rica de curiosidades
Flana
Dá um tiro no marido, reduz a ditadura ao seu lugar

Bela Baxter
Tira da dúvida o movimento para a sua vida
Escreve a sua história e ganha corpo através dela, ainda que seu corpo seja o da mãe, foram as marcas da sua história que permitiram na afirmar que

era diferente da mãe. Mãe e filha se separam reconhecendo o furo da vida. Do oco do útero brota o eco da voz da mulher, a novidade que desalinha o destino custoso da lógica patriarcal colonialista higienista capitalista.

Ainda que ela sinta saudades do cheiro do formol, Bela Baxter apenas precisa dele para encontrar a direção do Outro cheiro, o cheiro feminino que exala vida e diferença.

Apenas viramos estátua de sal se não duvidarmos e não olharmos para trás. Na lógica patriarcal é conveniente olharmos só para a frente.

Que toda pobre criatura possa ter a rica curiosidade de Bela Baxter!

Mulher

Você não é mimo de papelaria
Você é papelão
Você não é um celular iphone
Você é célula em divisão
Você não é tapete, nem capacho
Você é respeito e expressão
Você não é nutella, nem pote de açaí
Você não precisa de padrão

Você não é bonita, nem feia
Você não é útil, nem inútil
Você não nasceu para ser pisada
Você não é nem gorda, nem magra

Esse reducionismo
É recorte patriarcal
E não diz nada sobre você

Você é impressionista
Você é dadaísmo
Você é expressionista
Você é surrealista
Você é Pop Art
Você é obra de Arte
Você não é expressão do capital
Você é a marca particular de um Estilo

Vai ser gauche na vida

Tremendo de raiva
Surta diante do jardim
Restos de pétalas, galhos e folhas
"Sujam" a calçada
Fazem na espirrar
Achou uma solução
Enterrou o jardim
Sua parte viva
Sob o concreto
Concretada
Agarrada a lente dos seus óculos
Grau de miopia 9.5
Ultrapassada de si mesma
Ultra, ultra, ultra
Passa, passa, passa
L(ustra), lustra, lustra
É extrema
É radical
É toda direita
Ninguém faz melhor do que ela
A bela
Beleza lustrada, toda plastificada
A recatada
Mãe e esposa supostamente de boa conduta
Aborta os desejos da filha e a veste de Barbie
A do lar
Prepara o café
Café tão forte
Para servir o marido

Casa lustrada
Roupa passada
Tudo preto ou branco
Nos fins de semana
Ainda ajoelhada
Ora nos cultos
Por todos que não tem uma vida abençoada como a dela
Mulher ilustre
Lustre da casa
Iluminada
Queixa-se em segredo para Deus
De ser tão apagada na cama

Lá fora
Fora das fronteiras da sua lente
A Outra
Caminhando gauche pela calçada
Chega em casa
Rega as flores do seu jardim
A filha parece a Emília
E pula nas poças
Suja-se de lAma
A casa no fim de semana
Aquece-se com outras vidas
Num sarau arrodeada de amiguXs
Ressoa vozes que declAmam
Os furos e as diferenças
Refletindo as cores do arco íris
Na madrugada
A meia luz
Na intimidade do seu quarto

Despetalada
Pétala por pétala
Exala o perfume
A causa da alergia da vizinha

Amélia Sayuri

Toro

O que é que brilha sem ser ouro?
Na pena de Moraes
A mulher de touro
Quem é a mulher de verdade?
Na composição de Mario Lago
A Amélia
Menina sem a menor vaidade
Quem é a boneca perfeita?
A Barbie
Modelo de beleza para uma geração de meninas
Todas as respostas formuladas pelo patriarcado capitalista
Fabricação delirante
Objeto em série
Inspecionado pelo Inmetro
Com selo padrão ouro
De acordo com as seguintes qualidades:
Conformidade
Harmonização
Competividade

Filha do patriarcado
Sinto lhe dizer
Não há potes de ouro no final do arco íris
Consistir com a lógica patriarcal
É brilhar mortificada na escuridão

A lógica feminina é Outra
E vem da queda do lugar da servidão
Se oro é ouro em espanhol

Me falo com voz de mulher

Se toro é touro em espanhol
O u caiu
Subvertida
Oca
Intervalada
Mulher é toro lacaniano
Deixa falar os furos
Vozes que ecoam dos seus úteros
Parindo diferenças

Mulher é boi da cara preta
Não deixa o patriarcado sonhar
Provocando rachaduras com suas caretas

Mulher é boi bandido
Derrubando peão machista
Estremecendo a lógica capitalista

Caminha pela brecha
A meia luz
Por onde se esvazia
Por onde se derrAma
É pela metade
Uma a uma
Denuncia a todo instante
Que não existe
A tão cara metade

Amélia Sayuri

A boneca viajante

Madonna
Nasceu bonequinha
Renasceu
"Má" donna
Dona de si
Não se deixou afogar no mar do patriarcado
Desalienou as cores do Brasil
Inundou com quase 2 milhões de fãs a areia de Copacabana

Enquanto isso,
No Rio Grande do Sul
Outra inundação
Rasga a cena
Grita a criança
Nascida também pelo fantasiar da boneca
Pega a boneca!
Mas, essa boneca se afogou
Nos excessos do capitalismo
Que retorna feito tempestade
Ela será insubstituível para os pais que a perderam
Pais que continuarão parindo-a por meio das lembranças proporcionadas num outro tempo
Tempo fora da tempestade
Tempo que restará como Saudade

Enquanto isso,
Do outro lado do mundo
Outra inundação
Rasga a cena
Em 2014

E essa inundação continua

A câmera registra

O excesso do colonialismo

Inundando Gaza de bombardeio

Na foto

A criança fecha os olhos da boneca

Impedindo a de ver os horrores da guerra

Essa criança provavelmente perdeu sua família

E talvez não esteja mais viva

E se estiver viva

Será que haverá Kafkas enviando cartas

Resgatando essas crianças de tamanha inundação?

Será que essas crianças irão elaborar seus lutos como Madonna?

Será que seremos mais éticos, nos responsabilizando pelos nossos excessos a ponto deles retornarem numa inundação de Arte?

Sísifo

Ludibriado
Buscando a eternidade do prazer
Queria enganar a morte
Foi condenado a deslizar o dedo na tela a cada 20 segundos
A cada deslizar
Um espelho plano é acrescentado
O algoritmo se multiplica
Sua libido se limita
Deslocando de espelho em espelho
A imagem sem enigma
O faz demente dos seus próprios olhos
Capturado pelo quê?
Se fazendo consumir pelo quê?
Deixando-se alienar pelo seu ideal refletido na lógica fria e calculista do capital
Aprisionado no paraíso dos *Reels*
Aprisionado no Olimpo dos *Tik Toks*
A poltrona é cúmplice do seu sepultamento
Mas,
A libido que sempre escapa das correntes
Transborda
O corpo ainda pulsa
Sente uma dor nas costas
O desprazer o convoca
O corpo ainda pulsa
Sente fome
Come a maça da Eva
O pecado o salva

Ele não

Vivo numa cidade cinzenta
Dias cinzas
De cigarros
De corpo cremado
Sars Covid
Sem convites
Pessoas engaioladas
Em gaiolas decoradas
Delicadeza monstruosa
Vidas angustiadas
Dias doloridos

Na pele da menina
Um convite
O tatua(dor)
Transformou a dor
Em pássaros livres
Cantando
Ele não

Um brinde a subversão
Dia colorido
É possível
Fora dos supostos cuidados
Mendigados
Por pássaros que não sabem
Abandonar a terrível doçura
Dos elogios do seu cuida(dor)

Gaiolas

Lugares amparados por cálculos probabilísticos
Nelas
Reinam calmarias tediosas
Deitam-se em camas a convite de Procusto
O custo é do tamanho do quanto seu corpo consegue ser esticado

Entre a gaiola e o abismo

Há o voo
Projetado pelo lápis de Lilian Todd
Arriscam-se tempestades prazerosas
Sentam-se em lugares a convite de Dumont
O custo é do tamanho do voo

Corpo fetiche ou corpo vivo

Corpo fetiche
Modelo das propagandas
Tão simétrico em seus ângulos
Me é impossível
Travo meus movimentos
Não fui feita em série
Quero um corpo vivo
Para além da macaca
Do filme *"untelled"*
(*Human Mask*)
Meu olhar direito diferente do esquerdo
Denuncia para a câmera
Que meu corpo é Outro
Sua fluidez só aparece
Enquanto forma de expressão
Configurando uma beleza In(comum)
Nem musa, nem medusa
Uma mulher com cabeça de rosas

Amélia Sayuri

Qual sua cadeira?

Na dança da cadeira
Disputa-se o mesmo lugar
Jogo mercadológico
Onde todos giram cadenciados
Em torno dos *singles* da vez

Não mexe o quadril
Puta aqui não pode brincar
O reinado Santa Bovary é todo seu
Fica com seu trono de ferro
Eu escolho a cadeira amarela
Pincelada por Van Gogh
Dela
Eu posso me ausentar

Bela Índia

Há filhas
Belo Montes
Corpos violados
Torturados
Belas filhas
Para o ideal desenvolvimentista
Narcisista de suas fracassadas mães
Arquiteturas faraônicas
Fascinam o olhar dos desatentos
Durante os meses de estiagem
As filhas anoréxicas
Cavam uma falta possível
Poderiam dar um passo diferente
Se não abafassem suas vozes
Roucas
Amarguradas
Cansadas
Gastam seu potencial energético
Para agradar o Outro
Escondem a Bela Índia
A Tuíra com o facão na mão
Mulher sem medo da revolução
Desagrada
Índia que sabe haver outro modo de valor
Pois conhece o potencial amazônico
Que da vida e cor
Pro cinza do concreto

Amélia Sayuri

Oppenheimer

Diante do céu estrelado de Los Alamos
Chegava mais perto do seu reinado
O céu era o espelho mais próximo da sua mente brilhante
Mas,
Estranhamente quanto mais próximo desse lugar
Uma questão surgia:
Como morre uma estrela?
O céu não reflete a sua morte
A morte da estrela era a faísca ruidosa que pulsava em sua mente
Questão perseguida, deslocada e projetada em forma de bomba
Manhattan gritava
Oppenheimer obedecia
"Se o brilho de mil sóis explodisse de uma só vez no céu, seria o esplendor poderoso"
Boooooooooooooooooooommmmmmmmmmmmmmmm...
Do barulho ensurdecedor ao silêncio
Do céu ao inferno
Do brilho a chama
Do estrelato da vida acadêmica a crueza devastadora de uma bomba
A diferença não encontrou lugar
A futilidade da fantasia, sim
O lençol branco ficou manchado de sangue

Fetiche

Quando o mais de gozar encontra a mais valia
Temos o trabalhador exemplar
Temos o aluno ideal
Temos o filhinho formidável da mamãe e do papai
Os pés cobiçados pelos fetichistas
Eis a máxima do capital
O seu brilho escondendo o chulé da sua gaveta escura cheia de:
Rivotril, Ritalina, Fluoxetina...
Não conte a ninguém que eu faço terapia
E pior
O seu amigo mais fiel é um algoritmo
E por não se autorizar
Você só consegue ser sujeito quando o calo aperta
Eita, vida besta!

Sobre Vícios

Esse pó dá trabalho
Ela se queixa do pó que ele consome uma vez ou outra na vida
Consumida pelo gozo em se fazer consumir pelas demandas da mãe
Outro pó surge na cena
Não à toa,
Reclama de sentir-se noiada na vida

E o cheiro do pó de café ao amanhecer traz outra cor para a vida de reclamações do casal.
De repente, eles se pegam dando gargalhada por terem esbarrados juntos e espalhado pó de café por toda a cozinha

Pó grudado no chão
Desgruda com sabão?
Ou caindo do ideal do impossível da relação

Me falo com voz de mulher

Gozo Outro

Sendo tocada
Tecla por tecla
Deletada de si
Toda Outra
Se faz consumir
Seu corpo em partes desconexas
Se conecta e vibra
O celular vibra
Cadela
Cadê ela
Ela retorna

Medéia ou Antígona

Algoritmo
Vida virtual
No ritmo trágico
De Tchaikovsky
Pulsa, pulsa
O gozo desenfreado
De informações ilusionistas
Onde você é mais um filho de Medéia
Apagado de sua subjetividade
Afogando-se no lago dos Cisnes

Diferente

Carteiro
Vida real
No ritmo trágico de *Elgar, Something Inside*
Pulsa, pulsa
O desejo estruturado
De informações particulares
Onde você é irmão de Antígona
Aposta ética
Ressuscitando o som do coração

Flor virtual ou flor natural

Na virtualidade
Do mundo online
A palavra se faz infinita
Num lugar onde não há
Nem tempo, nem espaço
As flores virtuais não renovam
Seu ciclo primaveril
Acompanhadas de palavras recheadas de sentido
Soam como delírio
E se desgastam
Gosto das flores naturais
Que exalam perfume
E revelam que a vida
Se faz no contraste
De um florescer a outro florescer
Algo tem que morrer
Logo não se desgasta
Apenas renasce
Reinventando outros jardins
Diferente do primeiro

Amélia Sayuri

Fetiche ou desejo

Na condição de objeto fetiche
O consumidor é um passante
A vida passa pelos seus olhos
E no a mais dessa ilusão
O consumidor acredita que exploração
É realização
E se mortifica
No voyerismo da comparação
Se ausenta da própria diferença
Passa a recusar tudo que não é espelho
O amor aqui é impossível
Não há espaço, nem tempo

Na condição de objeto desejo
O sujeito é poeta, é artista
A vida pulsa e agita o corpo
Na contradição entre excesso e falta
O sujeito se realiza
Explorando o contraste
Metade dele floresce
Sem precisar dos porquês
Presentifica a própria diferença
Passa a incluir nas bordas o que escapa do reflexo
O amor aqui é abertura de possibilidades
Cabe até num segundo e na metade desse poema

Virtual x Realidade

Nasce uma estrela
O outro se afunda
Por não entender que
O amor faz litoral
E o que se busca não está no outro

Amor é falta

Her se afunda quando o amor não tem um nome
Se abstém da carne
Samantha não existe
Insiste
É virtual

Amor é falta

A relação se tece nas imperfeições
A demanda não supre a falta
A relação é corpo
A relação é desencontro
A relação não é colonialista
A relação é decolonial

Amor é falta

Amélia Sayuri

O amor

O amor é o estranho mais familiar que nos des(habita)
Na falta ele é realidade
No excesso é delírio
Na dialética entre falta e excesso é uma mistura de tempestade com chuva calma

O amor traz também um enigma
Enigma que vibra o corpo
Uma parte onde a palavra não alcança
Uma parte onde a palavra não faz sentido
Uma parte que apenas o corpo sente
O corpo estremece, sua frio

O amor
Se fosse um lugar seria a *Cúpula Genbaku*
Ruína de guerra transformada em símbolo da Paz
Você estremece, sua frio e ao mesmo tempo sente-se apaziguado

O amor
Se fosse uma escultura seria as aranhas de *Louise Borgeois*
Um abrigo no qual você corre o risco de ser devorado
Você estremece, sua frio e ao mesmo tempo sente-se acolhido

O amor
Se fosse uma obra literária seria a Paixão Segundo G.H
Uma escrita instigante na qual você se acha e se perde de você mesma
Você estremece, sua frio e ao mesmo tempo encontra um lugar para se des(Identificar)

O amor dá trabalho
É movimento em espiral
Você repete e ao mesmo tempo encontra a diferença

O amor é tragédia grega
O amor é criança arteira
O amor é sublime
O amor é arte
O amor nunca é complemento
Você estremece, sua frio e ao mesmo tempo sente um quentinho no coração

Amélia Sayuri

A subversão feminina

Diante do Instagram
Certezas mudas impregnadas pela lógica patriarcal passam pela minha íris
Sucesso ou fracasso
Vitória ou derrota
Bonito ou feio
Rico ou pobre
Jovem ou velho
Melhor ou pior
?
Ou
Apenas diferente
Lógica de sentido contingente, passageira e repetitiva
Deslizo o dedo pela tela
Guernica me captura
Uma guerra se instala no meu interior
Começo a estremecer
Sinto meu estômago queimar
E o líquido estomacal sobe pelo meu esôfago
Chega até a minha boca
Valdívia
A voz feminina protesta por outra lógica
Me esvazio
Meu ser é tensionado
Fora do êxito
Fora do eixo
Destituída de toda finalidade
Sou ao mesmo tempo In(feliz)
Nem vencedora, nem vencida
Trágica
Lanço os dados
Me sinto viva

Sete

Isso ou Aquilo e a Outra: Uma Duas

Amélia Sayuri

Uma Duas

Entre a vida e a morte
Que me habita
Parte de mim é delírio
A outra é ficção sem um capítulo
Parte de mim é Oriente
A outra se faz no Ocidente
Parte de mim é paciência Oriental
A outra é vai se fudê e passa mal
Parte de mim floresce
A outra amortece
Parte de mim é solidão
A outra é multidão
Parte de mim é doçura
A outra é amargura
Parte de mim é verso com rima
A outra é notícia trágica de jornal
Parte de mim é olhar meigo de criança
A outra olhar de Capitu
Sou a própria minhoca que cortava na infância
Parte de mim é a mulher que não existe
E se inventa como parte de mim
A mulher entre
Entre o olhar desviado
Entre o olhar notado
Topa com o olhar borrado
Seu enigma
Sua contradição
Desse entre
Dessa Fissura
Pulsa Fissura

Comedida

A menina doce e passiva
Comedida
Coloca no prato porções pequenas
Justa medida?
Medida justa?
Cintura 34
Contudo,
Diante de uma pizza
É Outra
Mulher apimentada
Mulher Ativa
Come a medida
O garçom desbaratado
Indaga
Onde coube toda a pizza?
A calça justa denuncia
A celulite
Não toda no padrão
Traz a marca de sedução
Quer uma mordida?

Amélia Sayuri

Com que roupa eu vou?

Se o passado é uma roupa que não nos serve mais
Qual roupa me desnuda do passado?
Se metade de mim é a criança de biquíni na praia
E a outra metade de calça jeans surrada é a versão da menina responsável
Qual roupa me desnuda do passado?
Diante de um guarda-roupa transbordando de looks
De look em look tentando ser Outra
Qual roupa me desnuda do passado?
De repente,
Descubro que perdendo o look
O passado se despe
Visto-me de sorrisos e palavras
Um novo estilo compõe meu visual

Des(alinhada)

Hoje meu cabelo
Acordou livre
Volumoso
Intenso
Desalinhado
Longe da escova
Longe da chapinha
Longe do formol
Vivo

Hoje minha pele
Acordou livre
Com seus 41 anos
Rugas
Marionete
Bigode Chinês
Longe da base
Longe da maquiagem
Longe do batom
Expressiva

Hoje meu olho
Acordou livre
Com seus pés de galinha
Com as falhas na sobrancelha
Com os cílios normais
Longe do rímel
Longe do lápis
Longe do delineador
Desejoso

Amélia Sayuri

Amanhã,
Talvez,
Eu caia no conto das princesas
Entre no ritual
Adormeça

Axolote

A bela adormecida
Amortecida
Um tanto esquecida
De castigo no canto
Mosca Morta
Inseticida
Inspira
Se afoga na lama
Abre asas e voa
Varejeira
Vestida
Vestido
Metida
Irrita
Atormenta
Não mais se lamenta
Do seu sertão veredas
Abriu mão de ser- tão
Tem se enveredado
Do canto pro canto
Zumbido que vibra
Nem sertão
Nem bela
Nem ser- tão
Nem mosca
Quem sabe
Axolote
Estranha criatura
Em transição
Na contramão

Da peregrinação
Não pede
Por um beijo
De salvação
Por mais que fure o dedo
Do veneno faz vacina
E da sina um brincar
Amorteceu a morte
Tecendo amor no seu lugar

Me falo com voz de mulher

Cinderela

Cindir ela
Virar abóbora
Perder o salto
Cadela – grita a madrasta
Cadê ela – grita o príncipe
Cindida
Nem cadela
Nem cinderela
Nem mais esquecida
Cindir ela
Seu novo nome
A falta agora é outra
Falta o sapato
Nem quer encontrá-lo
O sapato a leva para o cativeiro
Cadela
O sapato a leva para o castelo
Cinderela
Cindir ela
Leva a desejar

Amélia Sayuri

Resp(onça)

Ela é uma guria de responça
Mordisca a vida
Feito uma onça
Abocanha um pedaço ali
Abocanha outro aqui
Porque a coisa toda a angústia
Nem por cima da sombra
Nem feito carne seca no sol
Prefere o contraste
Entre
A luz e o sol
Onde as formas
Fazem lençol
Diferente da responsabilidade do girassol
Gira, gira em torno do sol
E dá- lhe paracetamol
Desse lugar
A resp(onça) já se despediu
Tomou semancol
É responsável
Pelo seu besteirol

Oito

O que não reflete faz furos

O fio desalinhado

Não há espelho para projetar
Quem és?

No reflexo da transferência
A paixão pela moda
Capturou em outro lugar
O meu estilo

                    O fio desalinhado

Me retirou daquele instante
Me perdi

                    O fio desalinhado

Me deixava distraída

                    O fio desalinhado

Com o qual eu brincava
O espelho não viu

                    O fio desalinhado

Dizia mais de mim
Do que o espelho

                    O fio desalinhado

Está aquém
Ou
Além do espelho

                    O fio desalinhado

É transgressivo

                    O fio desalinhado

É a verdade do amor
E por si só
Ele basta

Cadê a chave?

De saída
Trancou a porta
Voltando para a casa
Cadê a chave?

No bolso era improvável
O chaveiro é grande e chamativo

De saída
Trancou a porta
Voltando para a casa
Cadê a chave?

De novo?
Por que nunca sabe onde está a chave?
De saída
Trancou a porta
Voltando para a casa
Cadê a chave?

E para sua surpresa
Aquele chaveiro grande e chamativo
Estava na mureta da varanda
Em frente a porta

Toc, toc, toc
Bate o infamiliar
Desabita um pouco essa morada
Vamos abrir outras portas

Pretexto

Esqueci a chave de casa
No carro do marido
Na volta para a casa de táxi
22:30
Abro a bolsa
Cadê a chave
Autorização bem-vinda
Entro no MAC perto de casa
Pretexto
Textos para ler
Ler fora de mim
Ler fora do contexto familiar
Devorando um MAC
Devorando os textos
Pretexto
Textos para ler
Ler fora de mim
Ler fora do contexto familiar
Devorar era anterior ao texto
Pretexto
Devorar e texto
Vibrando dissonantes
Na mesma leitura

Furadeira

A casa alugada
As paredes furadas, brancas e com manchas
Estranhei
Passei massa corrida em todos os furos
Pintei
Dividi as paredes
Contrastando com o branco e uma cor mais colorida
Mas faltava os furos
Novos furos
Meus furos
Furadeira
E sua nota chata e estridente
Ranger de dentes
Furadeira
Novos furos
Furos necessários
Pois,
Por meio deles
As janelas ganharam cortinas
As paredes se embelezaram com os quadros
Paredes divididas
Contrastando com o branco e uma cor mais colorida
Novos furos
Nova decoração
Outra casa
Sendo construída
Da divisão, do contraste, dos furos
E
Das novas manchas que surgirão

Amélia Sayuri

Rein(ventamos)

O raio solar entra pela janela
Do contraste entre a luz e a sombra
A árvore que estava fora
Agora está dentro
Sua fronteira borrada
Movimenta-se
Sob a folha de papel
Até, então, inalterada
Folhas da árvore
Projetam-se como pontos
Dançando ao ritmo do vento
Sob a folha de papel
Vento vai
Vento vem
Vento sopra
In Vento
A folha de papel
As folhas da árvore
In ventadas
Já não são mais as mesmas
O sol muda de posição
O vento sopra para outra direção
A folha de papel
Teve sua impressão
Aguarda ansiosa o sol do novo dia

                                                        Amanheceu nublado

Mordida da vida

Disforme
A massa
A fôrma
A forma
Des(informa)
Um pedaço
A fome
Abocanha

Amélia Sayuri

Tempestades

Tantas tempestades
Tantas inundações
A chuva que cessou fora
Continua a gotejar dentro
Chove, chove, chove
Chora, chora, chora
Transbordamento
Uma sopa de letrinhas
Vogais e consoantes
Boiando desarticuladas
Buscando a área firme
A fim de que próximas
Voltem a se articular
Feito criança
Catando letrinhas
Pondo escrita
No que é sentido sem sentido
E pede por sentido
Sentido e sentido
Semi articulados
Letrinha por letrinha
Úmidas
Escoando no papel
Palavras
Mais enxutas
Refazendo a história

Marca

Escrevo
Apago

Tateio
A marca apagada

Cega
Faço a leitura do que não vejo
Quero sentir a marca
Aquilo que faz a ponta dos dedos
Arrepiar o corpo todo

Amélia Sayuri

Entre

Entre
A chuva e o orvalho
Não sou gota de chuva
Não sou gota de orvalho
Ora pingo e transbordo como chuva
Ora suo gotejando como orvalho
Semi indefinida
Nesse espaço fragilíssimo
Corporifico o poema
Mergulhando no infinito do mar
Mergulhando no infinito das palavras
Mergulhando no enigma da vida
Afloro a superfície do poema
Ainda como gota
Apenas
Um pouco mais salgada

Nove

Do livro ao ofício ao orifício

Livraria

No livro
Me livro
Da responsabilidade do dia a dia

Desencontrada em outras teorias
Desencontrada em outras narrativas

Acho você
A outra parte de mim
Tão diferente do reflexo do espelho

Acho você
Dentro do livro
Partes de mim:
Suicida, puta, assassina, vadia, abusiva, diabólica, insana...

Acho você
Dentro do livro
Partes de mim:
Estranhas, fétidas, apodrecidas, inflamadas, nojentas, mortas....

Partes que só uma livraria dá conta de achá-las, ressignificá-las, desencarná-las
Restos sublimados
Partes que a reponsabilidade do eu não me livraria

Próximo livro
Ainda tem uma parte que o livro não escreveu

Outro jeito de apanhar e bater

Apanho palavras como quem tatua a pele
Delimitando a dor em traços de flor
E na sede de vingança
Bato um bolo pra não bater no algoz
E recheio meu bolo com creme de noz
E nesses dois atos
Salvo a menina levada
Que não se deixa levar pelas ondas ferozes da fúria do mar

Amélia Sayuri

Ao poeta

O poeta que quer se casar com Clarice
Me fez visível aos seus olhos
Ambos buscando um lugar
Fora da lógica da economia
Fora da lógica da pedagogia
Fora da lógica da razão
Descobriram que é prazeroso se perder nos intervalos de Clarice
Descobriram que é prazeroso se perder nas letras desarticuladas de Clarice
Descobriram uma desalienação possível
Sabem que da barata morta pulsa fissuras

E de suas escritas desviantes, se desviam e por vezes se tocam

Mas,
Na realidade
São apenas *en passant* um para o outro
Refletindo o olhar de Baudelaire
Brilhando na tela de seus celulares

DerrAma

Nome feminino
Que escorre sem forma
Pelo vermelho
Do sangue periodicamente menstruado
E se despedaça em dores amargas
Restos de mim
Suicida e assassina

DerrAma
Nome feminino
Que se esparrama
Em lágrimas
Diante da culpa por tentar apagar a chama do fogão com o leite derramado
Gesto insano e impossível de salvar a mim no outro

DerrAma
Nome feminino
Que se infiltra do lado direito do quadril
Do lado esquerdo não teria conotação jurídica

DerrAma
Nome feminino
Que escoa nos líquidos
Diariamente derrubado pela minha filha por todos os cantos da casa
Lugares possíveis para escorrer os excessos que transbordam do corpo e do copo

DerrAma
Nome feminino

Que do café derrubado pelo analista
Se faz palavra sonhada
E ganha vida no divã

DerrAma
Nome feminino
Que desliza desfilando
Contornando a pele
Em seu vestido vermelho
Agitando corpos

DerrAma
Nome feminino
Im(próprio)
Que se articula no trabalho suado da escrita
DerrAmando-se letra por letra
Como lava de Vesúvio

DerrAma
Palavra inscrita
Que não cessa de não se inscrever

Histeria

Um acúmulo de raiva que elimina minha paciência oriental
Não posso explodir o outro
Conversão
Ausência de palavras
Fico explodindo de enxaqueca

Histeria
Quando tento me expressar apenas para pôr para fora os afetos mal resolvidos
Sem pedir nada em troca
Muito menos pra alfinetar
Quanto menos ganhar conselho
Mas o outro leva para o pessoal
Não posso morder a expressão dita
Conversão
Ausência de palavras
O bruxismo me ataca
Fico mordida da vida

Histeria
Quando me acúmulo de responsabilidades desnecessárias
Para me livrar dos excessos de responsabilidade
Conversão
Ausência de palavras
Vômito

Histeria
Quando agrado além da conta
Não digo o não necessário

Conversão
Ausência de palavras
Me deprimo

Histeria
Quando meu olhar quer alcançar o objeto distante e se ilude com o brilho do objeto na tela, mas de repente algo ofusca e estremece a minha projeção
Conversão
Ausência de palavras
Passo o dia com olhos tremendo

Nem toda histérica
Quando descubro que posso cair das demandas e derrubo as defesas
Meu corpo se liberta
Minha voz ganha corpo
Me derrAmo em poema

Fases da Lua

O mar reflete a imensidão
Que circula pela minha veia pulsante
Pulsa tsunami
Pulsa maremoto
Pulsa
Invadindo
Meus pensamentos
Minha razão
Deslocando as sinapses
Refazendo rotas
Reconstruindo as cenas
Cenas imagéticas
Memórias fotográficas
Em tons sepial
Desidratadas e salgadas
Desafogadas e embebidas
Por
Vogais, consoantes e regras gramaticais
Fazendo litoral
Sob minha pele hidratada com creme de mel
Nesse momento,
Sinto a doçura das palavras
Misturadas com as ondas salgadas
Acalmar
Meu mar
Maré viva
É lua cheia
Logo,
Será minguante

Não toda Significante

Me faço não toda
Significante
Quando me torno
Insignificante?
Ou
Quando
Suspendo esse lugar
Delirando
Divagando
Por um não saber apaixonante
Inventando Romeus
Pintando Delícias
Entrando na noite estrelada de Monet
Virando palavra no poema de Drummond
Transformando-me em nota musical na canção de Buarque
Construindo o lugar mais sublime
Que me desabita
E faz morada
Uma mistura apimentada
Temperada docemente
Com travessuras
Misturando línguas
Estremecendo nomeações
O corpo longe do sentido
Frenesi de um gemido
Licença poética
Transe feminino

Catar outra estrofe

Devastada
Se fazia amar
Preenchendo-se de responsabilidades inúteis
Cheia, cheia, cheia
De saco cheio
Explodiu
Catástrofe

Devastadora
Passou a desbravar
Livro por livro
Permitindo um saber faltar
Pois,
Não é sobre falta a ser
Mas o que falta para eu ler e escrever

Catástrofe
ou
Catar outra estrofe

Catar outra estrofe
Agora é o seu lema
Reflorestando o poema

Desafio o poema

Perco a linha do hábito
Incendeio
Descongelo o meu corpo
Em chama
Mas não queimo
Em cinzas deixo a freira no altar
Des(habitada)
Revolucionária e criminosa
Desafio o poema
A encontrar a palavra que me modela sem a chama apagar

Nome impróprio

Ao tentar falar sobre isso
Elenco palavras
Tateio o dicionário
Tateando a minha pele em carícias
De repente, sinto cócegas
No limiar da dor
Uma palavra se perde
Não consigo achá-la
Insisto
Gaguejo
Abro os livros
Dá-me a palavra perdida,
Livro guru
Insisto feito criança birrenta
Como num transbordar de palavras
Inúmeras línguas
Você me escapa pelos dedos
Que escândalo de palavra é essa?

Preferida

Encapada
Forma embrulhada
Num papel de presente
Com leveza de nuvem
Os olhos se voltam
Pre(ferida)
Recheada
Amorfa
Esburacada
No papel a letra F
Raios e trovões
A carne se castiga
Pre ( ) erida
Esvaziada
Oca
Intervalada
Na tela branca
Um céu por vir
A mão inventa a escrita

A voz

O verso não suportou a palavra
O coração pulsou selvagem
Rasgando a página
Da fenda
A loucura
Que outrora
Fora acorrentada
Que outrora
Fora medicada
Que outrora
Fora devastada pelo excesso de razão
Escoou da fenda
O grito de Munch
Ganhou som
Voz
Ecoou
Vibrando os instrumentos da orquestra filarmônica de Viena
O público sentiu seus pelos arrepiarem
Como se acabassem de ser paridos
Estavam vivos

Amélia Sayuri

Não sou poeta

Não sei o que é pentapoda
Não sei o que é nicárqueo
Não sei o que é tetrástico

Me desprendo da métrica e da rima

A palavra não escrita
Agarra a caneta
E
Supõe que será encontrada
Deixando sua marca no papel
Mas
Ela é letra desarticulada
Logo
Se inscreve não toda
Mas
A danada insiste
Quer uma rima
Dia, lia, ria,
Ia
E se foi
E assim segue
E assim sigo
Escrevendo
Para rabiscar o papel
Manchá-lo de palavras
Dando corpo pra letra

Não sou poeta

Me falo com voz de mulher

Não sei o que é faleúcio
Sei que escrevendo
Me deparo
Com algo falido

PoeAma

1,2,3
Respiro fundo
Cadê as palavras?

1,2,3
Ainda dá tempo?
Perdi as rimas
Mas ainda quero continuar escrevendo
E
Me perdendo
Nesse poema
Inacabado
Misterioso
Que eu tanto amo

Expresso

Expresso
De gole em gole
Acompanhado de um chocolate meio amargo
Rapadura me faz dormir
Vida doce demais amortece

Expresso
De palavra em palavra
Acompanhada da minha solidão agridoce
Desejo me faz acordar
Na mistura de sabores me permito lambuzar

Expresso
De gole em gole
De palavra em palavra
No trilho do trem
Busco outro lugar

Próximo expresso, por favor!

Amélia Sayuri

Scandall

A página em branco
Ao marcar a sua ausência de escrita
Se faz infinita

Num pentagrama silencioso
Perseguindo o perfume rememorado
Enamorado
Uma gota cai no papel
O cheiro exala
A palavra cheirosa
Embalada à lá Paul Gaultier
Ganha corpo
E feito musa escandalosa
In(pira)

Me poemo

No silêncio de mim
No barulho do Outro
O estranho
A contingência mais familiar
Que me des(Possui)
Sinto frio
Estremeço
Tenho medo
O que fazer?
Vou repetir?
Não sei
Me atrevo
Sigo a *pér-version*
Teço corpo
Teço borda
Teço palavra
Teço roupa
Desfaço a moda
Me estilo
Me poemo

Amélia Sayuri

Rosé

Resolvida
Resoluta
Muita definição
Envolvendo
Vida e luta

Vida e luta
Não combinam com Reso
Reso é palavra de dicionário
E significa uma espécie de macaco
Animais cumprem tarefas
Seus destinos
Não desatinam
Não há dúvida
Não há angústia
Sou Reso mas gostaria de ser Orangotango
Animais não dançam tango
Muito menos descompassam
Animais são resolvidos
Animais são resolutos
Animais são pura natureza

Já, eu
Me desfaço nas palavras dos poetas
Quando me sinto apertada nelas
Quero outras que me afrouxem
Vacilo nas narrativas
A cada volta do tempo
Me subverto

Desatinando
Descompassando
A cada volta do tempo
A palavra se desgasta
A palavra se rasga
Re (   ) So
R   O   E   S
Até
Reso se desarticulou
Das lutas
Das rachaduras
Do movimento
Da vida
Topou com um acento
No momento é Rosé
Mais leve
Traz uma certa embriaguez

Sobre abóbora

Moranga é a abóbora recheada com bobó de camarão que no meu sonho caiu na panela de feijoada

Bakataré é cabeça de abóbora, xingamento japonês para quem comete alguma burrice, ou, seja quando você cai do salto da inteligência

Abóbora de Halloween é recheada de fantasmas, quando você cai do mundo da fantasia colorida para o mundo dos fantasiosos pesadelos, do 80 para o 8 da vida

Abóbora depois da meia noite é o fim da festa pra cinderela, uma queda para a realidade

Abóbora oca esvaziada de sentido, é oficina do diabo de onde sai minhas abobrinhas que caem em forma de poema.

Dez

Castração

Amélia Sayuri

Castração

Foi o parto fórceps
Foram os supositórios
Foram os tapas
Foi a voz da tia com suas farpas
Foi o não
Foi o pular no vazio
Foram os velórios
Momentos nada princeps
Mas,
Afinal,
Viver é isso, também!
A vida nos castra
Dos nossos reinados
Nos dispa dos nossos predicados subordinados
CDF, linda, mosca morta, menina de ouro, preferida
Pra quê insistir sentar nesse Faldistório
Sempre acompanhado de um supositório
Se você quer outro lugar

E dos foi, dos foram, dos que virão

Alice sabe das armadilhas
Inventadas pelas maravilhas
Aprendeu a lutar como ninguém com seu *Pargarávio*
Faz da solidão da escrita seu alívio
Veste e despe de palavras seu corpo feminino

Onze

Luto, Saudades

Sem ti Saudades

A sua ausência

Ocupa tanto espaço

Que sinto um aperto

Que não é do seu abraço

E o meu braço se estende

Onde embrulho 25 anos:

Do meu vício bobo em apertar suas bochechas desde que você nasceu

Do nosso andar lado a lado voltando da escola

Da minha pessoa gritando da sacada do apartamento do Japão, quando você estava indo para a escola em fila indiana atrás dos japoneses: Você é a mais bonita!

Das nossas férias na praia e da nossa mania de ficar brincando horas no mar, somada a sua necessidade de irmos ao buffet de sorvetes todos os dias, enquanto você fazia potes fartos e ficava curtindo dos meus mais modestos com medo de engordar

De sabermos enfrentar juntas o nosso mau humor quando estávamos de TPM

De você me ensinando matemática e eu te ajudando nas redações para passarmos no vestibular

Das nossas discussões críticas sobre o capitalismo seguida do ato contraditório de passear pelo shopping e voltar com uma sacola de roupas

De você se espelhando em mim para ser mulher e de você me incentivando a usar rímel, delineador, inclusive, me ensinou a usá-lo

Dos nossos finais de semana frequentes, enquanto eu fazia os trabalhos de psicologia, você montava suas maquetes de arquitetura em meio a conversas bobas

Das gargalhadas que só você tirava de mim

Dos seus aniversários em alguma balada onde você se entregava ao que mais gostava de fazer: sambar e me deixava de queixo caído.

Muita história escrita ao seu lado mais o resto de um futuro que não se fez escrever

Me falo com voz de mulher

Quem sabe
Nesse gesto insano
Sem ti, saudades
Torne-se apenas
Ausência assimilada

Amélia Sayuri

Goze

Os estilhaços do prédio espelhado
A estilhaçaram por dentro
Não era somente a bela engenharia que desmoronava
Com os ritmos sísmicos dos 7.4 da escala Richter
Rompendo com o fio da cientificidade oriental
Era o corpo da sua irmã estendido no chão
Era a cumplicidade de um afeto que perdia o seu lugar
Seu luto caminhava na busca por um sentido
Enquanto,
O pai tomava tranquilamente um café na esquina
A mensagem invertida do pai
Ecoou como música de ninar
Nesse instante,
A força bruta da exigência afetivas
Começaram a romper de suas particularidades
Ganhando universalidade nos versos sem rima
A cadência da melodia fúnebre da sua vida
Ganhou outro ritmo
Virou poesia de protesto
Na voz de Misora Hibari
O seu murmúrio azul
Entre, terremotos, maremotos e correntezas
Passou a reverberar como tradição oriental Goze
Viver
É encontrar a diferença!

Curiosidades

Enka: música japonesa que a princípio iniciou como música de protesto

Misora Hibari: maior expressão feminina da modalidade Enka, sua música mais famosa é Kawa No Nagare No Youn

Goze: tradição japonesa datada da era medieval na qual as mulheres japonesas cegas excursionavam tocando música ao ritmo de um tambor

A música japonesa tradicional é diferente da ocidental, visto que ela normalmente é baseada nos intervalos da respiração humana o invés da cronometragem matemática

Amélia Sayuri

Mortes

Eu mergulhada no paraíso artificial da minha responsabilidade, sentindo-me a pequena princesa que as cativava e supondo o amor como sendo a garantia da imortalidade, era nova demais para duvidar dessa narrativa aparentemente forte. Não sabia ainda do seu ponto de fragilidade absurda.

Quando você tinha 4anos e teve o diagnóstico de câncer e eu apenas 5anos, nossa mãe sentou do meu lado e disse: "agora, vou precisar que você se torne mais responsável ainda".

Parecia perigoso duvidar dessa ordem.

De repente, tudo estremece.

Eu tinha oito anos, era dia 04 de janeiro de 1991, quando ainda todos estavam esperançosos pela novidade do novo ano, você minha irmã partiu e me partiu.

Minha única reação foi entrar hospital adentro, segurar seu corpo frio e gritar: Volta!

Mas, não tinha mais volta, fora de Okinawa, nesse exílio...

Uma frase de nossa vida escorreu pelo corredor do Hospital Erasto Gaertner sem ponto final

Você só tinha sete anos e apesar da doença esbanjava humor e charme com seus chapéus de fitas e flores que ornamentavam sua carequinha.

E nossa outra irmã tinha apenas 1aninho.

Eu olhei para essa menininha tão linda, inteligente, de cabelos enrolados e tentei cativar também. Catei os meus cacos e sem saber construir outra narrativa, voltei a usar a pena de Sant Exupery.

Foram 25 anos de história e nós éramos mais que irmãs, você era a minha rosa que despedaçou.

No dia 20 de agosto de 2015 você tomou 120 comprimidos de *Dorflex* junto com red *Bull*. Você acabou com sua dor e perdeu as suas asas.

Se na primeira vez, eu gritei: Volta! Na segunda, eu sabia que não tinha mais volta. Reconhecer o seu corpo frio sem o calor do seu samba no pé da maca do IML me era irreconhecível. Eu não queria que fosse você.

Ainda posso sentir o gosto do formol nos meus lábios beijando sua testa Antártica.

O verso do nosso poema ficou com a sua estrofe inacabada.

A dor que você deixou é impossível de sanar com 120 comprimidos.

O meu vaso ficou vazio, já não quero mais a coroa.

Muitas vezes, me perguntei: como sendo tão responsável não percebi que minha rosa estava murcha?

Vai fazer oito anos que você se foi e eu ainda estou juntando os meus cacos.

A pequena responsável morre e renasce. Mas ela quer se reinventar. Essa narrativa que insiste, me aperta, vacila, não combina mais comigo.

Responsável pelo quê?

Catar outra estrofe, a responsabilidade que me restou

A morte desafiou minha imagem no espelho. No verso que perdeu a rima encontro o meu reverso. Quão dessemelhante sou de mim mesma!

Doze

Partir partida pelo des(caminho) até encontrar a parte que me resta e se abrir para a novidade:

Partir Partida

Partir
É se dividir
É perder parte de si
Abrir uma falta
Caminhar mais leve

Partida
É quando me deparo com a barata de G.H
É quando toca o telefone na narrativa de Bolano
É quando Barthes levanta a cabeça nos seus momentos de leitura
É quando toco meu umbigo e deparo-me com minha inimiga
É o espelho da branca de neve refletindo a bruxa
É o pequeno príncipe deixando de cativar
É a rachadura sísmica estremecendo padrões

Rompe-se com as certezas
E a fêmea louva-deus já não sabe se sou homem ou mulher para me devorar
Surge a dúvida
Um novo parto

Partir partida
É arriscar
Riscar palavras desgastadas pelo seu uso automático
É fazer brotar novas palavras
Florescer poemas

Amélia Sayuri

Des

Meu prefixo preferido
Ele descongela o corpo ferido
Abrindo fissuras
Curando feridas
De onde brotam as asas das Fridas
E
Descrevendo
Vou até onde a palavra cessa
Separando-se da língua
Língua solta ecoando notas sem palavras
Salivando
Desencontro
Resto da saliva de outra boca
Antigo que insiste no adiante
Fome de outra palavra
Fome de outra língua
Descer
É des(ser)
Negação, separação, cessação
Fóssil de mim
Vivo e eternizado no tempo
O cabelo que continua crescendo sobre o crânio do cadáver
E
Nesse
Descaminho
Contra o gradiente de concentração
Me ativo